Conrad K. Butler

LOS CAMIONES MÁS GRANDES DEL MUNDO

libro para niños

BELAZ 75710

AL BELAZ 75710 SE LE PUEDE LLAMAR VOLQUETE, PERO NO NECESARIAMENTE CAMIÓN. ESTO SE DEBE A QUE NO SE PUEDE CIRCULAR POR LA VÍA PÚBLICA. ¡SI HAY QUE TRANSPORTARLO, SE NECESITAN 25 VAGONES!

CATERPILLAR 797B

EL CATERPILLAR97F SE PRESENTÓ EN EL AÑO 2000 Y UN AÑO MÁS FUE EL VEHÍCULO MÁS GRANDE DEL MUNDO. SE UTILIZA EN EL TRANSPORTE DE MATERIAL EXCAVADO EN MINAS A CIELO ABIERTO, DONDE FUNCIONA PERFECTAMENTE Y SE CONSIDERA UNA MÁQUINA SÓLIDA Y BIEN PENSADA. ESTE GIGANTE PUEDE MANEJARLO INDEPENDIENTEMENTE DE SI SE TRATA DE CARBÓN, COBRE, HIERRO U OTROS MATERIALES A GRANEL.

CATERPILLAR
CATERPILLAR
CAT
797
109
104

CATERPILLAR
CAT
CAT
C3

THE LIEBHERR T 284 MINING TRUCK

EL CAMIÓN VOLQUETE MINERO LIEBHERR T284 ES EL CAMIÓN MINERO DE CLASE ULTRA MÁS LIGERO (MENOR PESO EN VACÍO) Y MÁS EFICIENTE (MAYOR CARGA ÚTIL), Y OFRECE AL MISMO TIEMPO UN MENOR CONSUMO DE COMBUSTIBLE Y UNA POTENCIA DE MÁS DE 4.000 CV. ESTA MÁQUINA MEJORADA PERMITE A LOS CLIENTES CUMPLIR LOS OBJETIVOS DE PRODUCCIÓN CON MENOS CAMIONES O EN MENOS TIEMPO.

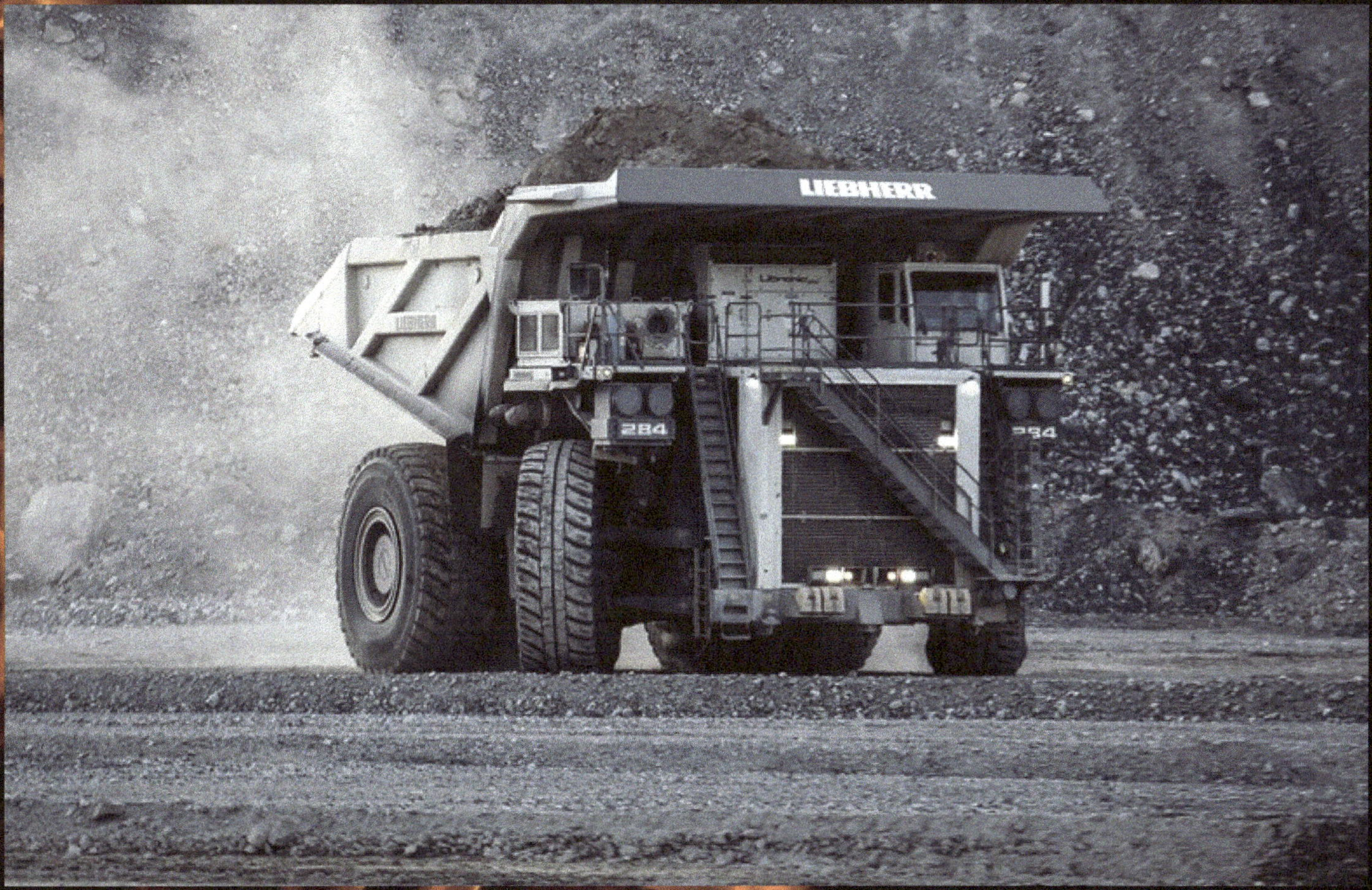
LIEBHERR
284

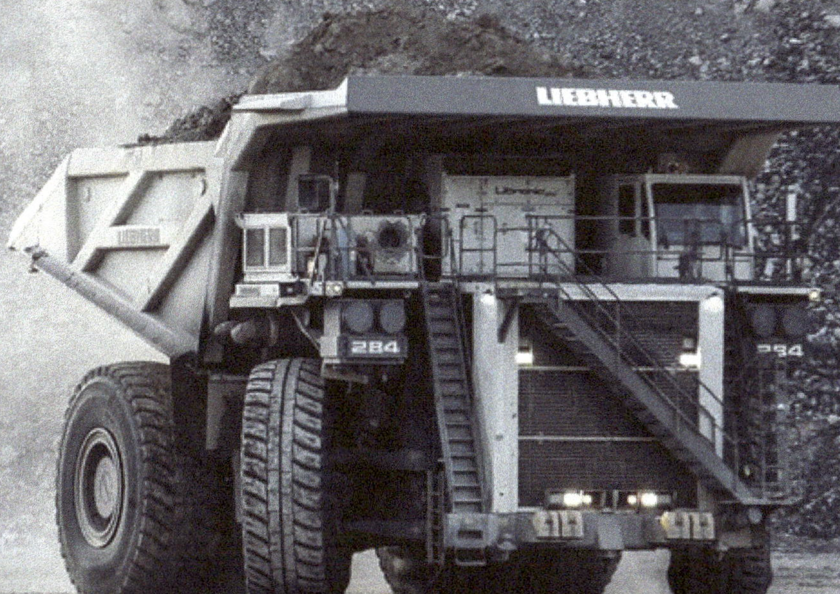

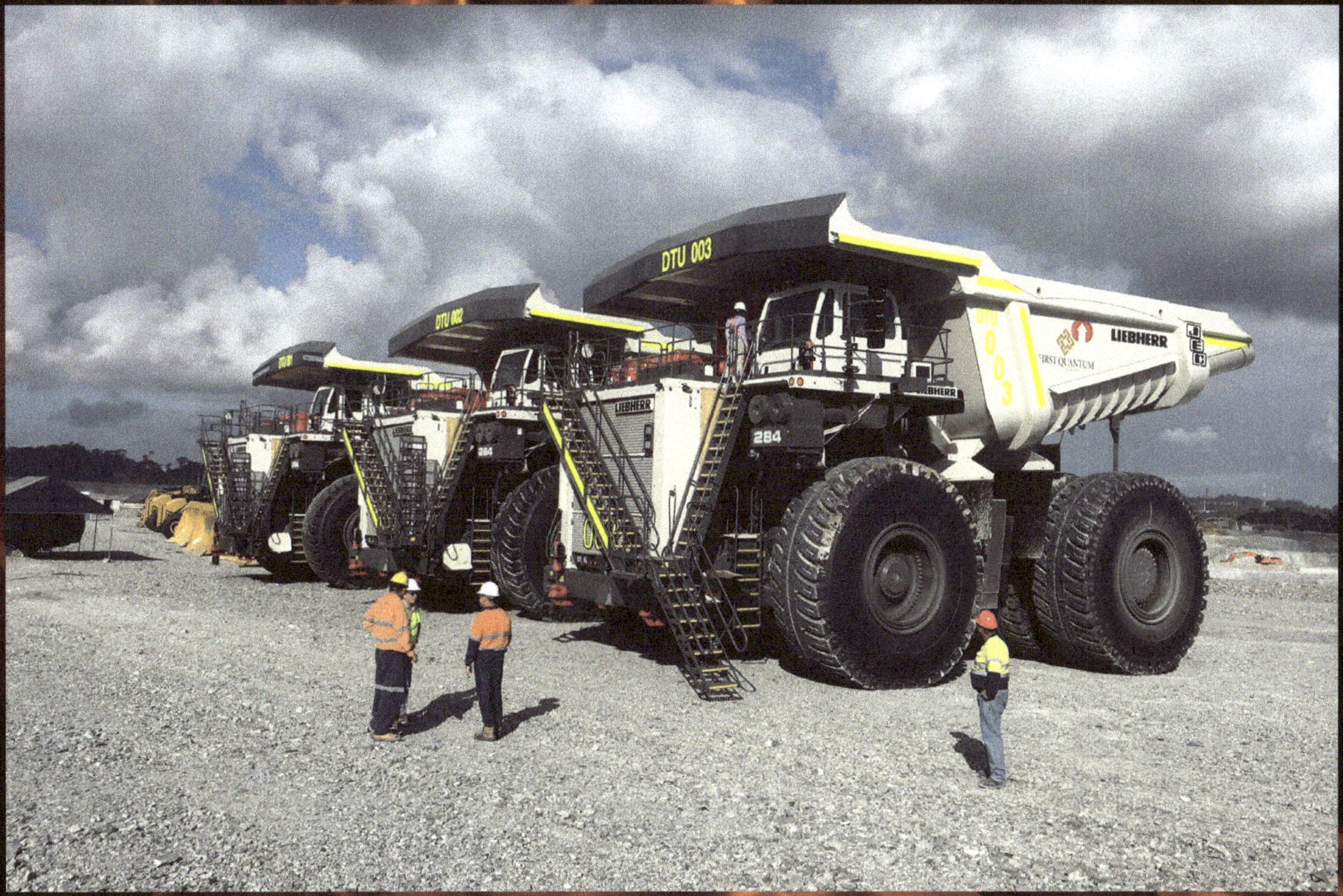
DTU 003
DTU 002
LIEBHERR
FIRST QUANTUM
284

TEREX/BUCYRUS MT6300AC

EL BUCYRUS MT6300AC ES UN CAMIÓN TODOTERRENO DE DOS EJES DISEÑADO Y FABRICADO POR BUCYRUS INTERNATIONAL INC. EN LOS ESTADOS UNIDOS. EL MT6300AC ES EL CAMIÓN DE ACARREO MÁS GRANDE Y CON MAYOR CAPACIDAD DE CARGA ÚTIL DE BUCYRUS, Y OFRECE UNA DE LAS CAPACIDADES DE CARGA ÚTIL MÁS GRANDES DEL MUNDO, HASTA 400 TONELADAS CORTAS (363 T).

DT017
TEREX/UNIT RIG
MT 6300AC
CHP PACIFIC MINING
NO UNAUTHORISED PARKING WITHIN 50 METRES
NO UNAUTHORISED PARKING WITHIN 50 METRES

T 282B
LIEBHERR

TRENES DE CARRETERA AUSTRALIANOS

HAMPTON
ROAD TRAIN

ROAD TRAIN

KOMATSU 930E

EL 930E ES EL CAMIÓN DE ACARREO DE CLASE ULTRA MÁS VENDIDO EN EL MUNDO. EN SEPTIEMBRE DE 2016, KOMATSU HA VENDIDO 1.900 UNIDADES DEL 930E.[3][4] EL MODELO ACTUAL, EL 930E-5, OFRECE UNA CAPACIDAD DE CARGA ÚTIL DE HASTA 320 TONELADAS CORTAS (290 T).

930E
53

KOMATSU 930E
930E
こまつの杜
2018年 10月 27日

BIGFOOT 5

BIGFOOT 5 ES UN CAMIÓN MONSTRUO FORD DE ST. LOUIS, MISSOURI, CONSTRUIDO EN 1986 COMO EL CAMIÓN MONSTRUO MÁS ALTO DEL MUNDO. EL CAMIÓN ESTÁ MONTADO SOBRE NEUMÁTICOS DE 10 METROS. ADEMÁS DE SU ALTURA, BIGFOOT 5 ES TAMBIÉN EL CAMIÓN MÁS PESADO JAMÁS CONSTRUIDO, CON UN PESO DE 28.000 LIBRAS.

ST.LOUIS

XCMG DE400

LA CAPACIDAD DE CARGA DEL VEHÍCULO ALCANZA LAS 400 TONELADAS Y LA VELOCIDAD MÁXIMA ES DE 30 MPH CON UN TIEMPO DE ELEVACIÓN DE 24 SEGUNDOS. EL VEHÍCULO SE PUEDE UTILIZAR PARA TRANSPORTAR MINAS, METALES, ACERO Y TODOS LOS PRODUCTOS MINERALES AL AIRE LIBRE PARA AYUDAR A AUMENTAR LA EFICIENCIA DE SU ACTIVIDAD MINERA AL AIRE LIBRE Y REDUCIR EL COSTO PROMEDIO.

XCMG
XCMG
DE400
DE400
徐工集团
徐工集团

TEREX 33-19 TITAN

TITAN OSTENTÓ EL HONORABLE TÍTULO DE CAMIÓN MÁS GRANDE DEL MUNDO DESDE SU ESTRENO EN 1974 HASTA 1998. SI SE CONTARA CUÁNTO HA LLEVADO TEREX A LO LARGO DE SU VIDA, PROBABLEMENTE RESULTARÍA SER EL MUNDO ENTERO.

SPARWOOD

SPARWOOD B.C.

TITAN

MERCEDES ZETROS

SI HAY UN MERCEDES ZETROS EN LA ZONA, SEPA QUE ALGO GRAVE ESTÁ PASANDO. ESPECIALMENTE CUANDO EL MODELO SUPERIOR ZETROS 3643 ENTRA EN JUEGO. ES UNA MÁQUINA QUE ENTRARÁ DONDE OTRAS HABRÍAN MUERTO HACE TIEMPO.

ZETROS
3833
GER · XJ 104

SELF-DRIVING

VOLVO VNL 860

TRUCKS

INKAS HURON

EL VEHÍCULO BLINDADO TÁCTICO INKAS HURON, UN VEHÍCULO BLINDADO BIEN EQUIPADO PARA OPERACIONES DE SUPERVIVENCIA TANTO MILITARES COMO POST-APOCALÍPTICAS, PRESENTA UN DISEÑO BALÍSTICO CON PROTECCIÓN DE BLINDAJE ESPECIAL. LAS CARACTERÍSTICAS ADICIONALES INCLUYEN UN PISO A PRUEBA DE EXPLOSIONES QUE ES IMPERMEABLE A GRANADAS DE MANO Y MINAS TERRESTRES.

INKAS

DUNKEL INDUSTRIES LUXURY FORD F650 4X4

EN ÉL PUEDEN DORMIR SEIS PERSONAS Y VIAJAR DIEZ PERSONAS: ESTE ES UN VEHÍCULO QUE NO ES UNA AUTOCARAVANA CLÁSICA, SINO ALGO QUE SE PUEDE LLAMAR UN CAMIÓN CARAVANING DE LUJO. ASÍ ES LA FORD F-650 DUNKEL LUXURY HAULER 4X4.

Inquiries call
1-877 Dunkel Industries
Dunkel
Multi-Purpose Vehicles
DunkelIndustries.com

Dunkel
Multi-Purpose Vehicles

1950 DODGE POWER WAGON

ESTA CAMIONETA GIGANTE, MODIFICADA A PARTIR DEL MODELO DE LOS AÑOS 50, FUE LA CAMIONETA MÁS GRANDE JAMÁS FABRICADA. DISPONE DE CUATRO DORMITORIOS CLIMATIZADOS, SALÓN Y BAÑO, CON PORTÓN TRASERO MOTORIZADO QUE SE DESPLIEGA PARA CONVERTIRSE EN TERRAZA. ESTA MONSTRUOSIDAD FUE ENCARGADA POR EL MULTIMILLONARIO SHEIKH HAMAD EN LOS EMIRATOS ÁRABES UNIDOS.

DODGE
POWER
1994
1994

TRACTOMAS TR 10X10 D100

EL TRACTOR MÁS GRANDE DEL MUNDO DE NICOLAS TRACTOMAS TR ESTÁ EN FUNCIONAMIENTO EN SUDÁFRICA DESDE 2005. CON LA APARICIÓN DE ESTE AUTOMÓVIL, TODOS LOS LOGROS ANTERIORES RELACIONADOS CON EL PESO DE LA CARGA TRANSPORTADA QUEDARON EN LA SOMBRA, Y EL TRACTOR EN SÍ FUE MERECIDAMENTE PRESCRITO EN EL LIBRO GUINNESS DE LOS RÉCORDS.

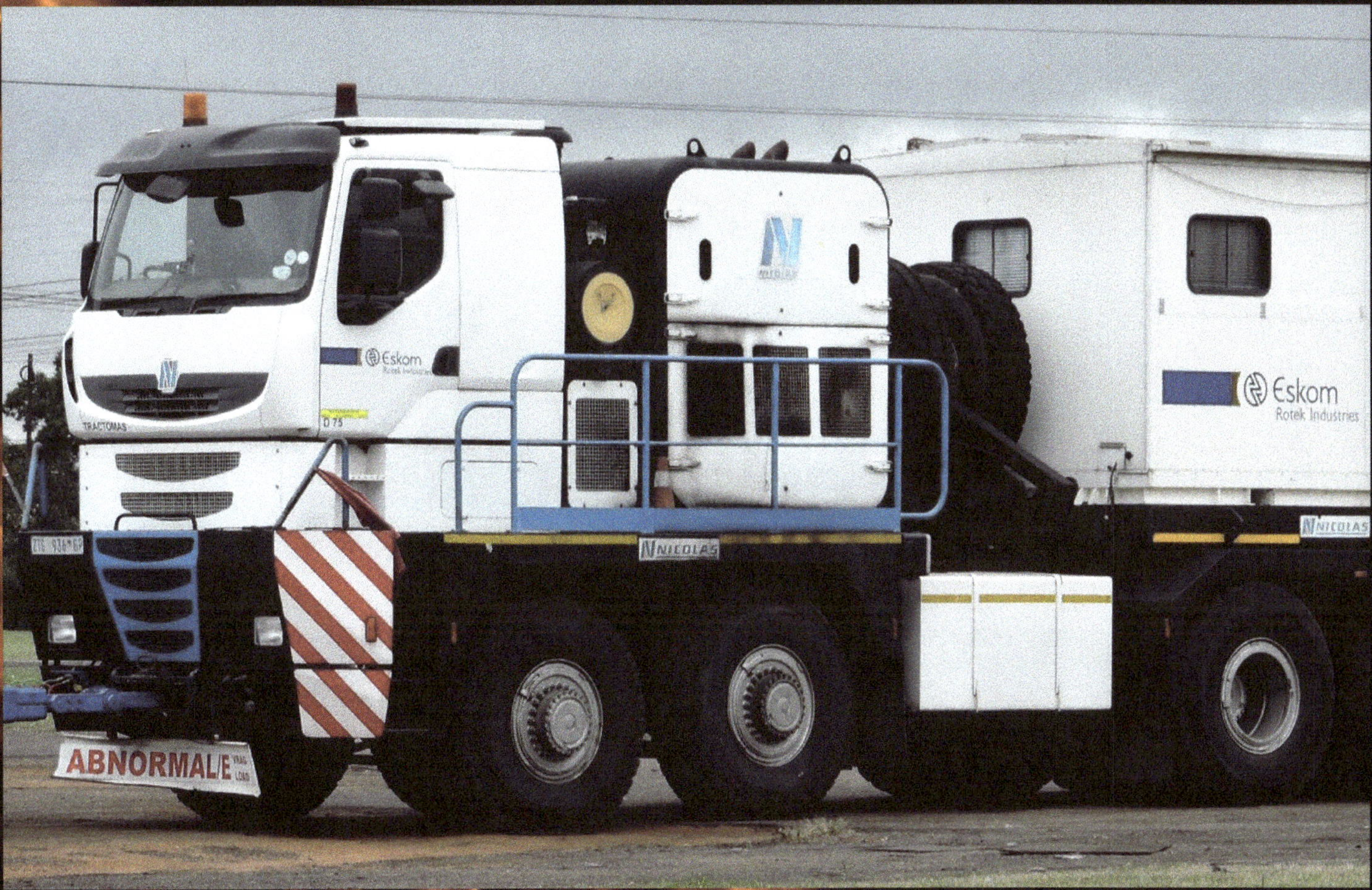

Eskom
Rotek Industries
NICOLAS
ABNORMAL/E

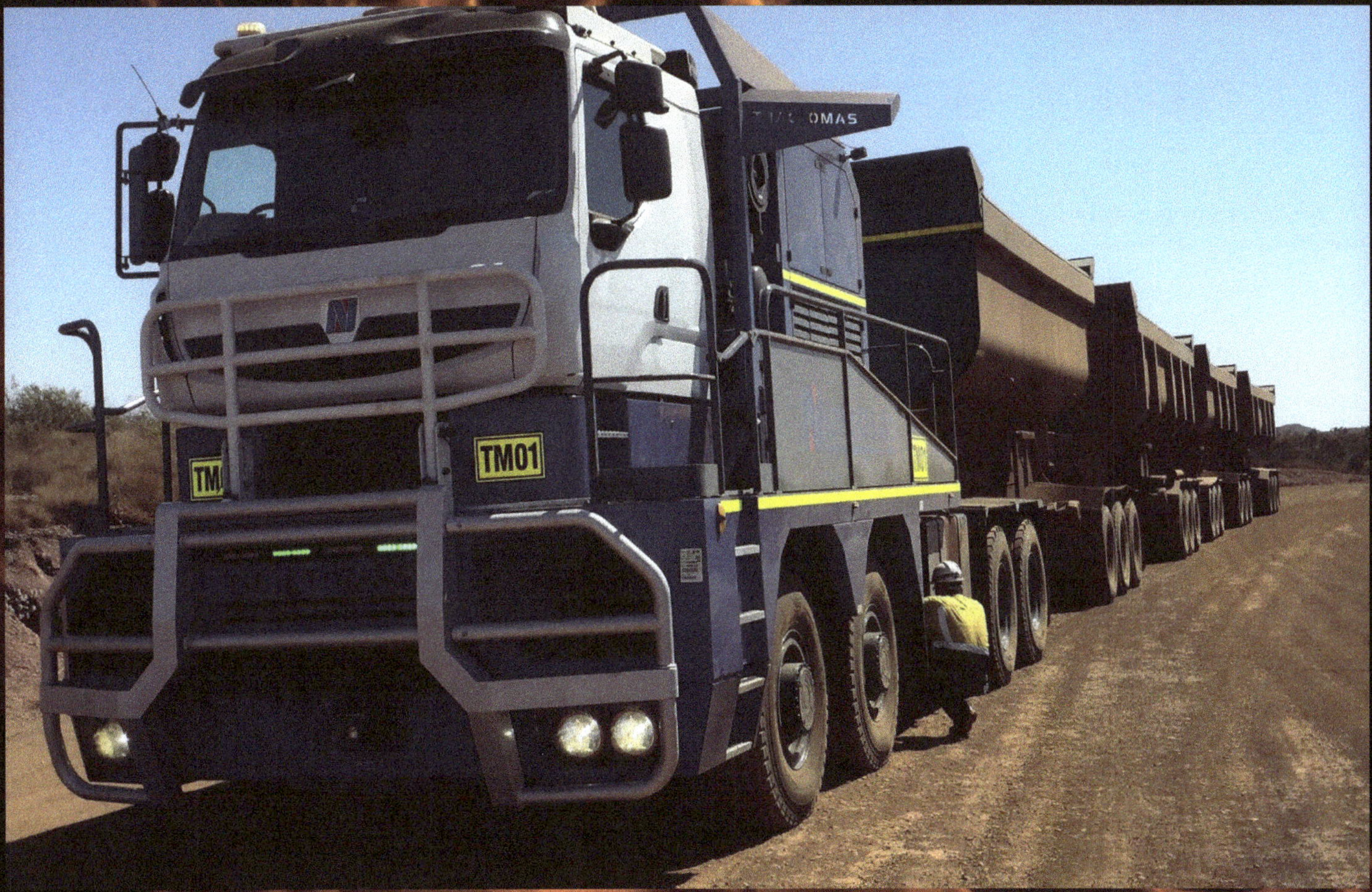

TM01

comprobar también:

y mucho más!